영부터 열까지 숫자 이야기

1판 1쇄 펴냄 2002년 8월 26일
1판 5쇄 펴냄 2008년 10월 27일

지은이 | 비비안 프렌치
그린이 | 로스 콜린스
옮긴이 | 승영조
펴낸이 | 황승기
마케팅 | 송선경
펴낸곳 | 도서출판 승산
등록번호 | 제 16-1639
등록일자 | 1998. 4. 2
주 소 | 서울시 강남구 역삼동 723번 혜성빌딩 402호
전화 | (02)568-6111
팩스 | (02)568-6118
이메일 | books@seungsan.com
웹사이트 | www.seungsan.com
ISBN | 978-89-88907-38-2   77410   ISBN | 978-89-88907-36-8(전 2권)

First published by Zero to Ten Limited(a member of the Evans Publishing Group) 2A Portman Mansions, Chiltern Street, London W1U 6NR, United Kingdom
Copyright ⓒ Zero to Ten Limited 2000
Text Copyright ⓒ Vivien French 2000
Illustrations Copyright ⓒ Ross Collins 2000
Korean translation rights ⓒ Seung San Publishers 2002.
This Korean edition published under licence from Zero to Ten Limited through THE Agency, Seoul.
All rights reserved.

이 책의 한국어판 저작권은 THE Agency를 통한 Evans Publishing Group과의 독점계약으로 도서출판 승산에 있습니다. 신저작권법에 의해 한국 내에서 보호를 받는 저작물이므로 무단 전재와 무단 복제를 금합니다.

이 도서의 국립중앙도서관 출판시도서목록(CIP)은
e-CIP 홈페이지(http://www.nl.go.kr/ecip)에서 이용하실 수 있습니다.
(CIP제어번호 : CIP2008003168)

영부터 열까지 숫자이야기

지은이 비비안 프렌치 | 그린이 로스 콜린스 | 옮긴이 승영조

이야기 순서

수를 어떻게 세기 시작했을까? ◆ 7

숫자가 없으면 어떻게 셈을 하지? ◆ 8

큰 수는 어떻게 세지? ◆ 10

모든 건 제자리가 있다! ◆ 12

아무것도 없는 게 중요하다! ◆ 14

인도숫자(아라비아숫자) ◆ 16

얼마예요 ◆ 18

몸으로 수량 재기 ◆ 20

표준화 ◆ 22

숫자로 놀자 ◆ 24

행운의 숫자 ◆ 26

숫자가 없으면 날짜도 없다 ◆ 28

낱말풀이 ◆ 30

하나, 둘, 셋, 넷 ···, 이, 사, 육, 팔 ···,

이런 게 뭐냐하면 바로 **수!!!!**

우리는 늘 수를 사용해.

"아이고, 지각이다!" "지금 몇 시야?"

"만세! 이겼다! 3 대 2로 이겼어!"

"얼마예요?"

"너 언제 태어났니?"

"언제쯤 도착할까?"

"얼마나 더 가야 해요?"

우리 주변에서는 항상 시계가 째깍거리고

수가 와글와글거려…

학교에서든, 가게에서든, 병원에서든, 여행을 할 때든,

언제 어디서든 수를 모르면 살아갈 수가 없어!

도대체 수라는 건 어떻게 생겨난 걸까?

수를 어떻게 세기 시작했을까?

선사시대에 동굴에 살던 사람들은 오순도순 모여 앉아 무슨 얘길 나누었을까? 물고기나 토끼를 많이 잡았다고, 혹은 늑대를 몇 마리나 해치웠다고 뽐내며 수다를 떨지 않았을까?

"내가 물고기를 얼마나 많이 잡았던지, 강이 텅텅 비어 버렸어!"

"흥! 내 손가락만큼도 못 잡았으면서!"
"그때 늑대가 쳐들어 왔어. 벌떼처럼 수많은 늑대가!"
"흥! 늑대 수는 내 발가락 수만큼도 되지 않았어!"
그런데 굶주린 늑대가 11마리, 혹은 21마리가 쳐들어왔다면?

그게 몇 마리였다고 어떻게 말했을까? 사람들은 어떻게 수를 세기 시작했을까? 그리고 어떻게 수를 기억할 수 있었을까?

숫자가 없으면 어떻게 셈을 하지?

최초의 계산기는 바로 우리의 손가락이었어. 세계 최초의 계산기! 두 손의 손가락을 모두 합하면? 열! 발가락까지 합하면? 스물!

사람들은 맨 처음에 손가락으로 셈을 하기 시작했을 거야. 손가락은 셈을 하는 데 아주 안성맞춤이거든.

하지만 수가 몇이라는 전갈을 보내려면 어쩌지? 손을 그대로 보낼 수도 없고…

동생에게 돼지 네 마리를 사오라고 심부름을 시켜 보자.

다짐을 받기 위해 동생에게 네 손가락을 펴 보이거나, "돼지 발 수만큼" 돼지를 사오라고 말할 수도 있을 거야. 그러나 동생은 그걸 까먹을 것 같아! 어떻게 하면 좋을까?

조약돌 하나로 돼지 한 마리를 나타낸다!

동생에게 조약돌 네 개를 주면 까먹지 않고 조약돌 수대로 돼지 네 마리를 사올 수 있을 거야. 그 조약돌을 돼지 주인에게 영수증을 주듯이 주는 거지.

그러면 주인은 조약돌 수를 세어보고 돼지를 몇 마리나 팔았는지 쉽게 알 수 있어. 조약돌 하나는 돼지 한 마리!

추신 : 고대 그리스의 '셈(calculus)'이라는 말은 원래 '조약돌'이라는 뜻이야! 고대 그리스의 유명한 수학자 피타고라스도 셈을 할 때 조약돌을 사용했단다!

작대기 표시 하나로 돼지 한 마리를 나타낸다!

옛날 사람들은 수를 기록해두는 방법으로 작대기(혹은 빗금) 표시를 해두기도 했단다. 동굴에 살던 사람들이 해놓은 작대기 표시가 오늘날까지 동굴 벽에 남아 있거든. 그런 표시는 그 동안 잡아먹은 동물 수를 나타내는 것인지도 몰라. 아니면, 잡아먹은 동물 뼈다귀를 치우라고 엄마가 잔소리한 횟수를 나타낸 거든지.

체코슬로바키아에서 발견된 늑대 뼈다귀 하나에는 55개의 금이 그어져 있어. 아프리카의 레벰보 산에서 발견된 한 막대기는 3만 7,000년 전에 쓰던 건데, 거기에도 많은 금이 그어져 있지.

그런 막대기는 까마득한 옛날에만 쓰인 케케묵은 물건 같지만 실은 서양에서 얼마 전까지도 그런 걸 사용했어. 예를 들어, 가게 주인이 외상으로 물건을 팔 때, 손님의 막대기와 자기 막대기에 동시에 금을 그어 놓았지. 그래서 나중에 막대기만 맞춰보고도, 외상으로 얼마나 사갔는지 금방 알 수 있었단다.

매듭 하나로 사탕 하나를 나타낸다

남아메리카에서 잉카문명을 발달시킨 사람들은 줄에 매듭을 지어서 수를 기록했어. 너는 일주일에 사탕을 몇 개나 먹는지 세어본 적이 있니? 사탕 하나를 먹을 때마다 긴 줄에 매듭을 하나씩 지어 봐. 조약돌을 모으거나, 막대기에 금을 그어도 좋고. 더 좋은 다른 방법이 있다고?

우리가 옛날처럼 그렇게 조약돌이나 막대기나 매듭으로 셈을 하지 않는 이유는 무얼까? 아주 큰 수를 생각해보자구. 이제까지 먹은 사탕의 수를 매듭이나 조약돌이나 막대기로 셀려면 늘어놓을 공간이 모자라지 않겠니? 그래서 좀더 간단한 방법이 필요했던 거야.

이건 영수증인데요, 이거 줄 테니까 항아리 줘요.

영수증에 깔려 죽겠다!

사탕 좀 그만 먹어라!

큰 수는 어떻게 세지?

아이에게 사과 여섯 개를 사오라고 심부름을 시킨다고 하자. 그럴 때 조약돌 여섯 개쯤 갖고 가는 건 어려운 일이 아니야. 그런데 마침 할머니께서 "얘야, 가게에 가는 김에, 내가 먹을 사과도 사오렴. 나는 이만큼 먹고 싶어." 하시며 조약돌 한 보따리를 건네주셨어. 끙끙! 조약돌이 무거워서 들고 갈 수가 없으니, 정말이지 더 좋은 방법이 필요한데….

22개의 조약돌로 22개의 사과를 나타낸다

아래 그림 속의 남자아이는 조약돌을 몇 개나 갖고 있을까? 한번 세어보렴… 몇 개? 그걸 어떻게 셌지? 하나씩? 옆에 있는 다른 그림을 살펴보자. 부엉이는 몇 마리? 셋. 나무는 몇 그루? 둘. 그건 척 보면 알 수 있지. 그런데 나무에 열린 사과는? 토끼는? 구름은? 그건 척 보아서 금방 알아내기 어려워.
왜 그럴까?

참 묘한 일이지만, 우리는 네 개가 넘는 것을 보면 그게 몇 개인지 한눈에 잘 알아보지 못해. 척 보고 알아낼 수 있는 건 네 개까지!

덩어리로 묶어서 세면 쉽다

옆에 있는 여자아이는 참 똑똑해. 조약돌을 다섯 개씩 덩어리로 묶어서 셌거든. 덩어리로 묶어 놓은 것을 세어볼까? 한 덩어리가 다섯 개니까, 5, 10, 15, 20개에, 두 개가 더 있으니까 모두 스물 두 개. 이렇게 묶어 놓으면 셈을 하기가 훨씬 더 쉬워.

더 좋은 방법은 없을까? 이때 남자아이가 멋진 생각을 해냈어. 조약돌만 쓸 게 아니라 조가비(조개 껍데기)도 써보자. 그런데 어떻게?

조가비 하나로 조약돌 다섯 개를 나타낸다

조가비 하나는 조약돌 다섯 개와 같다고 하면, 조가비 4개와 조약돌 2개는 22를 나타내는 거야. 이제 남자아이는 사과 22개를 사러 가기 위해 조약돌을 22개씩이나 들고 갈 필요가 없어. 조가비 4개와 조약돌 2개만 가뿐히 들고 가면 되거든! 만세! 남자아이는 너무나 중요한 수학의 이치를 한 가지 깨달았어.
어떤 이치를 깨달았을까?

'진법'의 사용

남자아이가 깨달은 것은 바로 '진법'이라는 거야. 진법은 그냥 '묶음'이라고 생각하면 돼(낱말풀이를 읽어봐). 남자아이처럼 5개를 한 묶음으로 하면 그건 5진법이야. 10개를 한 묶음으로 하면? 그건 물론 10진법. 고대 이집트에서는 약 5,000년 전에 10진법을 사용했지. 오늘날 우리는 대부분 10진법을 사용해. 왜?

글쎄, 그건 당연한 게 아닐까? 우리 두 손의 손가락이 바로 10진법에 딱 맞게 만들어져 있잖아. 5 + 5 = 10.

하지만 마야민족과 같은 사람들은 발가락까지 합쳐서 20진법을 사용했어. 또 어떤 사람들은 5진법이나 2진법, 혹은 12진법을 사용하기도 했지.

수메르 사람들은 60진법을 썼고, 바빌로니아 사람들도 그랬어. 그들이 왜 60진법을 썼는지 확실히 아는 사람은 아무도 없지만 그들은 수학을 아주 잘 했다고 해.

우리도 가끔은 60진법을 사용하지. 어디에 사용하고 있을까? (힌트 : 1분 2초 동안 생각해봐.) 다 알고 있겠지만, 60초 한 묶음은 1분, 60분 한 묶음은 1시간이지. 이게 바로 60진법이야. 바빌로니아 사람들은 예를 들어 1.41이라는 숫자를 썼는데, 앞의 1은 60개짜리 한 묶음을 뜻하는 거야. 그래서 1.41은 60하고도 41, 즉 101이야!

모든 건 제자리가 있다!

훨씬 더 큰 수가 필요해지자 사람들은 또 다른 깨달음을 얻게 되었지.
아래 인도 소녀는 10진법을 사용하고 있어. 소녀의 왼쪽에 놓인 조가비 하나는 10을 나타낸단다. (정말 아리송한 일이 있어. 아주 먼 옛날, 인도 사람과 바빌로니아 사람이 만나서 서로 물건을 사고 팔았는데, 인도에서는 10진법을, 바빌로니아에서는 60진법을 썼단다. 대체 어떻게 계산을 맞출 수 있었을까?)
인도 소녀의 친할머니와 외할머니, 이모, 이웃집 아줌마가 사과를 먹고 싶었어. 그래서 소녀에게 사과를 따오라고 했는데, 소녀는 한참을 기다려도 오지 않는 거야. 소녀는 대체 뭘 하고 있었을까?

오른쪽에는 낱개를 놓고, 왼쪽에는 묶음을 놓는다

소녀는 조가비와 조약돌을 뒤섞어 놓지 않고 따로 가지런히 정리를 해놓았어. 그러니까 오른쪽에 조약돌을, 왼쪽에는 조가비를 놓았지.
조약돌이 열 개가 되면, 그걸 조가비 하나와 바꿔서(조가비 하나는 조약돌 열 개를 나타내니까) 조약돌 열 개는 싹 치워버리고, 조가비 하나를 왼쪽에 올려놓았어. 조가비를 놓는 자리가 왼쪽이니까!
만세!

소녀는 정말 놀라운 것을 발견한거야. 이제 조가비를 쓴다는 건 중요하지 않아. 왼쪽에 놓느냐 오른쪽 놓느냐가 중요해! 왼쪽 자리와 오른쪽 자리는 값이 달라. 오른쪽 자리는 낱개를, 왼쪽 자리는 열 개 묶음을 나타내지. 다시 말하면 오른쪽 자리는 1의 자리, 왼쪽 자리는 10의 자리!

100을 나타내는 자리도 있다

물론, 1의 자리와 10의 자리 말고 더 많은 자리를 사용할 수 있어. 만약 조약돌이 99개보다 많다면, 100의 자리를 만들면 되는 거야.

사과를 따오라니까 여태 놀고만 있었니?

저는 방금 자리값을 깨달았어요…

아래 새들 그림을 살펴보자구. 큰부리새가 사과를 따서 10개씩 바구니에 담아오면, 닭이 그걸로 사과 파이를 만든대.

사과 10개로 파이 하나를 만든다

닭은 사과 10개로 파이 하나를 만들었어. 파이 10개를 만들자, 왼쪽에 있는 펭귄이 한 입에 꿀꺽 먹어치웠지. 그러니까 뚱보 펭귄의 뱃속에는 파이가 10개, 곧 사과 100개가 들어 있는 거야!
펭귄 뱃속에 있는 것까지 합쳐서 사과는 모두 몇 개일까?

자릿값은 너무나 중요하다

12와 21은 뭐가 다를까? 1과 2의 자리가 바뀌었을 뿐이야. 이렇게 자리가 바뀌면 완전히 딴 숫자가 되지. 12는 10개와 2개이고, 21은 20개와 1개.
123이라는 수에서 1과 2와 3은 각각 몇 개를 나타낼까? 123에서 1은 1개가 아니라 100개, 2는 2개가 아니라 20개, 3은 물론 3개를 나타내. 그걸 우리가 어떻게 아는 걸까? 숫자가 놓인 자리를 보고 아는 거야. 숫자는 놓이는 자리에 따라 값이 다르니까. 그게 바로 자릿값이지.

답은 낱말풀이에 있지롱.

13

아무것도 없는 게 중요하다!

사람들이 진법과 자릿값을 알게 되자, 셈을 잘 할 수 있게 되었어. 그런데 필요한 게 하나 더 있었지. 뭐냐구?

없음!
뭐? 필요한 게 하나 더 있다면서 없다는 건 뭐냐구?

그게 아니라, 없음이 필요하다고. 다시 말하면, 없음을 나타내는 숫자가 필요한 거야. 사실 숫자라는 것은 뭔가 있는 걸 나타내기 위한 거지. 옛날 사람들은 없는 걸 숫자로 나타낼 필요가 없고, 나타낼 수도 없다고 생각했어.

삼백 삼을 숫자로 나타낸다고 해두면, 백의 자리에 3을 쓰고, 십의 자리에는 아무것도 없으니까 비워놓고, 일의 자리에 3을 써보자. 3 3. 오늘날 이걸 303이라고 생각할 사람은 아무도 없을 거야. 하지만 실제로 옛날에 그런 식으로 숫자를 쓴 사람들이 아주 많았어. 정말? 정말!!!

없음을 나타낼 필요가 있다

1, 2, 3, 4, 5, 6, 7, 8, 9, 0이라고 쓰는 숫자를 보통 아라비아숫자라고 하는데, 원래는 인도에서 만든 인도숫자지.
그런데 인도에서도 처음에는 0을 쓰지 않았어. 그래서 수가 없는 자리는 그냥 비워 두었지. 그러다가 수가 없는 자리에 어떤 표시를 해두기 시작했어(중간에 숫자가 비어 있어서 계산이 자꾸 틀렸기 때문일 거야).
처음에는 점으로 표시를 해두었던 것 같아. 점을 콕 찍어놓으면 그 자리에 아무 숫자도 없다는 뜻이야. 그러다가 알아보기 쉽도록 점이 동그라미로 변하게 되었지.
인도의 말 가운데 '아무것도 없음(영)'을 뜻하는 '수냐'라는 말이 있어. 이 말은 아라비아를 거쳐 이탈리아로 전해지면서 제로(zero)라는 말로 바뀌었단다.

제로, 곧 영(0)이 정식으로 숫자로 사용된 것은 언제부터였을까?
아마도 서기 5세기 이후였던 것 같아. 영에 대한 확실한 기록이 나오는 가장 오래된 책은 서기 458년에 만들어진 '로카비바가'라는 인도의 책이야.

서기 8세기 무렵에 아라비아 사람들은 인도의 영을 빌려쓰기 시작했어. 영은 아라비아를 거쳐 유럽으로 전해졌지… 그러나 유럽에서는 12세기나 되어서야 비로소 영을 사용하기 시작했어. 그때 사람들은 눈이 휘둥그레졌지. 영이라는 걸 도무지 이해할 수가 없었기 때문이야. 그게 어떻게 숫자일 수가 있지? 숫자라는 건 뭔가 있는 걸 나타내는 거잖아! 영은 '아무것도 없음' 이라는데, 없는 걸 어떻게 숫자로 나타낸다는 거야? 그건 말도 안 돼! 안 돼!!!

이탈리아에 **피사의 레오나르도(피보나치)**라는 위대한 수학자는 1202년에 주판서(珠板書)라는 수학책을 썼어. 이 책에서 그는 영이 '자리지킴이', 곧 숫자가 비어 있는 자리를 지키는 기호라고 설명했지.

영을 사용하게 되자 마침내 우리의 숫자는 완전해졌어. 1, 2, 3, 4, 5, 6, 7, 8, 9 다음에 10이라는 숫자가 생긴 거야.

1과 10에 대해 생각해보자구…
0이 들어가면 1은 왼쪽으로(10의 자리로) 올라가. 그래서 1은 10의 자리값을 갖게 되어, 하나가 아니라 열을 나타내게 되는 거야.
0은 마법의 숫자이기도 해. 100, 1,000, 10,000 등 어떤 숫자라도 쉽게 쓰고 이해할 수 있는 건 모두 0 덕분이야.

'아무것도 없음' 을 나타내는 게 이렇게 중요할 줄이야!

인도숫자 (아라비아숫자)

우리는 열이나 스물과 같은 말을 너무나 자주 써서 숫자에 대해서는 별로 생각해보지도 않아. 한번 생각해보자구. 수를 나타내는 말이 없었을 때, 사람들은 어떻게 수를 나타냈을까?
영어에는 '코를 센다(count noses)'는 말이 있는데, 이 말은 사람 수를 센다는 뜻이야. 우리말로는 '머리 수를 센다'고 말하지. 사람이든 동물이든 '코'나 '머리'는 하나뿐이고 '태양'도 하나뿐이잖아. 그래서 코나 머리나 태양 같은 걸 그려놓으면 '하나'를 뜻하는 말로 쓰일 수 있었어. 또 '날개'나 '귀'는 두 개니까 그것으로 '둘'을 나타낼 수 있었지. (1부터 10까지를 나타내는 자기만의 말을 발명해보면 재밌겠지?)
그러다가 사람들은 오직 수만을 나타내는 말을 만들게 되었어.

하나, 둘, 셋, 넷…, 혹은 일, 이, 삼, 사…. 중국말로는 이, 얼, 싼, 스…, 일본말로는 이치, 니, 산, 시…, 영어로는 원, 투, 쓰리, 포….

숫자가 발달한 인도

까마득한 옛날부터 인도에서는 숫자가 엄청 발달했어. 인도는 세계 어느 나라보다 먼저 숫자를 사용하기 시작한 것으로 알려져 있지. 1, 2, 3, 4…라는 숫자도 인도에서 만든 거야. 게다가 우리가 오늘날에도 사용하지 않는 어마어마하게 큰 수를 나타내는 말까지 만들어 썼단다!
인도에 브라마굽타라는 훌륭한 수학자가 있었는데, 그는 628년에 숫자와 셈에 관한 책을 냈지. 이 책은 숫자에 대해 이야기한 세계 최초의 책이야.

인도에서 아라비아로

776년에 인도의 여러 학자들이 아라비아(아랍) 왕의 초대를 받았어. 아라비아의 수학자들은 인도의 숫자와 자릿값에 대해 감탄을 했지. 얼마 후, '알쿠와리즈미'라는 아라비아의 학자가 〈인도에서 덧셈과 뺄셈을 하는 방법〉이라는 책을 썼는데, 이 책은 인도의 숫자와 자릿값에 대해 설명한 최초의 아라비아 책이야. (이 책이 널리 알려져서 1, 2, 3, 4 등을 아라비아숫자라고 부르게 된 거야.)

아라비아에서 유럽으로, 거의 온 세상으로

알쿠와리즈미의 책은 라틴어(로마의 말)로 번역되었어. 유럽의 학자들은 모두 라틴어를 잘 알고 있었지만 유럽 사람들은 아직 인도숫자를 쓰고 싶어하지 않았지. 그래서 그들은 계속 로마숫자를 썼단다.
그림 속 칠판에 쓴 로마숫자는 몇을 나타내는 걸까? MCCXXXI은 1,231을 나타내. 그렇다면 M, C, X, I은 각각 몇을 나타낼까? 로마숫자에서 D는 500, L은 50을 나타내지. 그래서 MDCCCLII는 1,852. 로마숫자도 큰 수를 왼쪽에 쓰기는 하지만, 자릿값이라는 건 없어.
척 보면 알겠지만, 인도숫자에 비해 로마숫자는 사용하기가 너무 어려워. 로마숫자로는 셈을 하는 것도 까다로워서 보통사람들은 아주 간단한 덧셈을 할 때에도 전문가를 찾아가서 물어봐야 했어.
결국 유럽 사람들은 인도숫자로 셈을 하면 훨씬 더 쉽다는 걸 느끼게 되었지.
그러면 인도숫자를 사용하게 된 것은 언제부터일까? 14세기 말! 유럽에서는 지금으로부터 약 600년 전에, 잉글랜드와 북유럽 사람들이 먼저 인도숫자를 사용하기 시작했단다.

온 세상으로

우리 나라를 비롯한 동양에서는 한자숫자를 사용해왔어. 한자숫자와 로마숫자는 숫자를 나타내는 방법이 거의 비슷해.
예를 들어, 로마숫자로 '천천천(MMM)'이라고 쓰는 걸 한자로는 '삼천(三千)'이라고 썼지. (그런데 생각하기에 따라서, '천천천'과 '삼천'은 전혀 다른 숫자일 수 있어. '천천천'에는 자릿값이라는 게 없어. 하지만 '삼천'에서 '천'은 자릿값을 나타내는 말이라고 할 수 있지. 십, 백, 천, 만, 억 등이 모두 자릿값!)
오늘날에는 온 세상이 인도숫자를 사용하고 있어. 세상사람들이 사용하는 글자는 가지각색이지만 숫자만큼은 똑같아. 수와 자릿값이야말로 인간의 머리에서 나온 최고의 발명품이라고 할 수 있어. 수는 일종의 언어인데 온 인류의 언어일 뿐만 아니라 거의 우주적인 언어야.

얼마예요?

수가 뭔지 알고, 수를 가지고 놀 수 있게 되자, 세상살이가 재미나게 되었어. (정말로!) 사람들은 누구나 수를 사용하는 방법을 배울 수 있었지. (그렇다고 해서 어려운 수학을 할 줄 알 게 된 것은 아니야.)
우리는 날마다 수와 관련된 많은 일을 하지. 그리고 수를 안다는 걸 당연하게 여기는데, 사실 그건 아주 대단한 일이야.
동전이 한 움큼 있다고 해보자. 넌 그게 모두 얼마인지 재빨리 알아낼 수 있을 거야. 하지만 만일 다른 은하계에서 온 외계인이라면 그러지 못할 거야. 아마도 외계인은 제일 크거나 제일 무거운 동전이 제일 값나가는 줄 알 걸 뭐.

혹시 그 외계인은 동전 숫자를 살펴볼지도 몰라. 1, 10, 50, 100, 500. "아하! 이건 자리값을 갖는 10진법 숫자들이군!" 그래서 외계인은 50원짜리 열 개는 100원짜리 다섯 개와 같다는 것 등을 알아차릴지도 모르지. 하지만 그 동전으로 껌 한 통을 살 수 있는지, 헬리콥터 한 대를 살 수 있는지 없는지는 모를 거야.

물물교환을 할까요?

물물교환은 두 사람이 가진 물건을 서로 맞바꾸는 거야. 아주 먼 옛날에는 동전이 없었고, 당연히 종이돈(지폐)도 없었지. 그때에는 필요한 게 있으면 물물교환을 했어.
"내 토끼 세 마리랑 네 양 한 마리랑 바꿀래?"
"뭐라고?? 이게 얼마나 멋진 양인데! 토끼 100마리 내놔!"
양 주인이 토끼를 갖고 싶은데, 토끼 주인은 옥수수가 갖고 싶다면 어쩌지? 그러면 먼저 양을 옥수수와 바꾼 다음, 다시 토끼와 바꿔야 해. 일이 꼬이면, 양 주인이 토끼를 얻는 데 몇 날 며칠이 걸릴지 몰라. 그 사이에 양이 폭삭 늙어버리면 어떡하지?

물품화폐의 등장

거래가 복잡해지자 사람들은 돈을 사용하기 시작했어. 돈을 한자로 화폐라고 해. 맨 처음에는 옷감·소금·가축·조가비 등의 물품이 화폐로 쓰였지. 이것을 물품화폐라고 해.
이밖에도 항아리, 보석, 동물 이빨, 뿔, 가죽도 화폐로 사용되었어. 아메리카 인디언 가운데 이로쿼이족은 조가비 목걸이를 화폐로 사용했지.
무엇을 화폐로 사용하든 화폐는 값이 정해져 있어야 해. 예를 들어, 양 한 마리는 조가비 24개, 토끼 한 마리는 조가비 6개라는 식으로. 그러면 양 한 마리를 토끼 몇 마리와 바꿀 수 있을까?

주화의 등장

주화(鑄貨)란 쇠붙이를 녹여서 틀(주형)에 부어넣어 만든 화폐를 말해. 기원전 7세기 무렵에 고대 그리스와 중국에서 주화를 만들었어. 그리스에서는 금과 은을 섞어서 주화를 만들었고, 중국에서는 청동으로 주화를 만들었지. 맨 처음에 주화는 무거울수록 값이 많이 나갔어. 그러나 차츰 주화는 무게와 상관없이 값이 정해지게 되었단다.

우리의 50원짜리 동전은 10원짜리보다 더 작고 가벼운데도, 값이 더 많이 나가잖아. 다른 나라에도 그런 동전이 있어.

그런데 물건값이 항상 똑같지 않다는 문제가 있지. 양을 생각해보자. 양이 아주 귀하면 값이 많이 나가는데, 양이 너무 흔하다면? 흔해빠진 것은 귀하게 여겨지지 않아서, 헐값에 사고 팔 게 되는 거야.

그래서 이럴 수도 있지. 양이 흔할 때 금화 하나를 주고 양을 한 마리 샀다면, 양이 헐값이라서 사람들은 양을 기르고 싶어하지 않을 거야. 그러면 사람들이 양을 안키우기 때문에 양이 귀해지게 되지. 이때 한 마리에 금화 다섯 개를 받고 양을 파는 거야! 금액이 크다면 주화는 너무 무거워서 불편해. 그래서 주화를 가게 주인에게 맡겨두고, 종이에 쓴 보관증을 받아서 그걸 사용하기 시작했어.

그래서 마침내 종이돈이 발명되었지! 종이돈을 한자말로 지폐라고 해. 세계 최초의 지폐는 중국에서 한나라 때 만들었는데 이때에는 종이가 없어서 동물 가죽에 금액을 써서 사용했어.

오늘날에는 종이돈과 주화(동전) 말고도 돈으로 사용하는 게 또 있지. 플라스틱으로 만든 돈—신용카드! 신용카드는 1920년대에 미국에서 처음으로 사용되기 시작했어.

19

몸으로 수량 재기

양 한 마리를 담을 수 있는 상자를 만들고 싶다고 해보자. 그러면 양이 얼마나 큰지 길이를 재볼 필요가 있어.
양의 몸통 길이는 한 발(두 팔을 벌린 길이) 쯤 될까? 아하! 처음에 사람들은 그렇게 자기 몸으로 길이를 재기 시작했다구. 한 발, 두 발…. 한 뼘, 두 뼘….

이집트 사람들도 뼘을 사용했어(엄지 끝에서 새끼손가락 끝까지의 길이가 한 뼘이야). 그리고 큐빗이라는 말도 사용했지(가운뎃손가락 끝에서 팔꿈치까지의 길이가 1큐빗.) 0.1큐빗은 두 뼘! (직접 확인해 보세요.)

1492년에 레오나르도 다 빈치라는 사람이 재미있는 사실을 발견했어. 목 둘레는 **손목 둘레의 두 배이고, 허리 둘레는 목 둘레의 두 배이다.**

특히 재미있는 것은, 사람의 키가 두 팔을 벌린 길이와 똑같다는 거야! 그걸 이렇게 써보자구.
 2손목 = 1목, 2목 = 1허리, 2팔(한 발) = 1사람키. 그러니까 우리 몸의 비율은 2 대 1이야. (이것도 직접 확인해 봐요)
그런데 이런 사실이 물건의 크기를 잴 때에도 실제로 도움이 될까? 실제론 도움이 안 된대. 양을 담는 상자는 한 발이 아니라 한 발의 두 배만큼 길어야 할지도 모르니까. 그러면 정확한 길이를 알아내려면 어째야 할까?

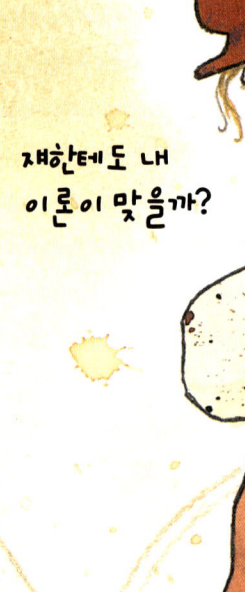

재한테도 내 이론이 맞을까?

물건의 수량을 나타내는 말

잴 필요가 있는 건 길이만이 아니었다. 물물교환을 하는 일이 늘어나자, 사람들은 주고받는 물건의 양을 알 필요가 있었다. 예를 들어, 쌀을 한 알, 두 알… 천 알, 만 알…, 이렇게 셀 수는 없다. 그래서 되와 같은 용기(容器 : 물건 담는 그릇)를 사용해서 양을 재게 되었다.

한 되는 약 1.8리터인데, 1되는 10홉이고, 1말은 10되이다. 10말은 1섬. 100섬. 1담불. 10분의 1홉은 1되드리.

우리 몸으로는 길이만이 아니라 양을 잴 수도 있었다. 한 줌, 두 줌…, 한 모금, 두 모금…, 한 아름, 두 아름…. 1되라는 것도 아주 먼 옛날에는 어른 남자의 두 손에 담은 곡물의 양을 나타내는 말이었다!

사람들은 많은 수량을 나타내는 온갖 말을 만들어 썼는데, 재미 삼아 한번 살펴보자. 그릇이나 옷이 10벌이면 한 죽. 마늘이나 오이, 가지 등 찬거리 50개는 한 거리, 두 거리 곧 100개는 한 접. 고사리 등 가늘고 긴 것 한 줌은 한 모숨이라고 하는데, 10모숨은 한 갓. 김 100장은 한 톳. 명주나 비단 40자는 한 필. 바늘 24개는 한 쌈. 한약 한 봉지는 한 첩인데, 스무 첩은 한 제. 짚으로 묶은 달걀 10개는 한 꾸러미. 조기나 고등어 등 생선 두 마리는 한 손. 배추 두 통도 한 손(두 손으로 한 번에 집어든 분량을 한 손이라고 했다). 북어 20마리는 한 쾌. 굴비 10마리는 한 갓. 조기나 청어 따위의 물고기를 짚으로 한 줄에 10마리씩 두 줄로 엮은 것, 그러니까 20마리는 한 두름. 나무 꼬챙이에 꿴 말린 명태 20마리는 한 태. 이밖에도 수량을 나타내는 말이 많다. 아이고, 복잡해라! "달걀 열 개"라는 말보다 "달걀 한 꾸러미"라는 말이 더 정겹고, 알아두면 편리하긴 하다. 하지만 도무지 복잡해서 외우기가 어렵다!

우리 나라만이 아니라, 다른 모든 나라에도 이런 복잡한 말이 허다하다. 그런데 도대체 '1되'라는 게 얼만큼이지?

우유 한 울컥,
마늘 한 으악,
오리궁둥이 한 털썩,
두루치기 한 패대기,
보름달 한 휘영청,
니나노 한 닐리리아를 사오렴.
내가 뭐 빠뜨리는 거 없니?

머리에 혹 난 거 싸맬 붕대나 사올게요!

표준화

먼 옛날에 어른이 두 손에 담은 곡식의 양이 1되였다는데, 어른이라고 해도 손의 크기가 다 다르기 때문에 한 발, 한 뼘, 1큐빗이라는 게 사람마다 달라. 똑같은 수량을 나타내려면 떻게 해야 하지?

단위를 표준화해야 해. 표준(標準)이란 나타낼 표(標) 기준 준(準). 어떤 기준을 나타내는 게 표준이고, 표준에 맞도록 하는 것이 표준화란다. 중국 최초의 황제인 진시황제는 기원전 221년에 온갖 단위를 표준화한 것으로 유명하지. 예를 들어, "쌀 1섬은 100근(약 60킬로그램)" 이라는 식으로 딱 정해놓았어.

고대 이집트의 왕한테는 화강암으로 만든 자가 있었는데, 1큐빗은 52.4센티미터로 정해져 있었어(1큐빗이 그 정도 되려면 키가 2미터 가까이 되어야 해).

중세에 유럽에서는 인치와 파운드와 파인트 따위의 단위를 사용했지. 미국에서는 아직도 그걸 사용하는데, 미국의 영향을 받아서 우리도 더러 인치를 사용하기도 해. 35·24·36! 가슴둘레 35인치, 허리 둘레 24인치, 엉덩이 둘레 36인치라는 식으로.

어른의 발바닥 길이를 1피트라고 했는데, 1피트는 12인치를 말해. 1피트는 30.48센티미터. 발바닥 길이가 그 정도 되려면 역시 키가 2미터 가까이 되어야 한단다! 옛날 사람들은 왜 이렇게 거인을 기준으로 삼았을까?

길이를 나타내는 인치, 무게를 나타내는 파운드, 부피를 나타내는 파인트는 10진법이 아니어서 사용하기가 아주 어려워. 그런데 멕시코, 아르헨티나, 터키 등의 나라는 옛날부터 10진법을 사용했단다. 중국과 우리나라도 10진법을 많이 사용했어.

그 모자는 나한테 딱 맞겠어요.

거긴 왜 그렇게 무거운 거야?

그런 건 안 배울래! 우린 계속 10진법을 쓸 거야.

아무렴, 10진법이 편리하지!

12인치 = 1피트
3피트 = 1야드
1760야드 = 1마일
16온스 = 1파운드
14파운드 = 1스톤
160스톤 = 1톤
4길 = 1파인트
2파인트 = 1쿼트
4쿼트 = 1갤론

미터와 리터

1799년에 프랑스에서 미터법을 쓰자고 제안했어. 미터법은 사용하기가 너무 쉽거든. 왜냐하면, 10진법을 쓰니까!

길이를 나타낼 때,
10밀리미터 = 1센티미터
100센티미터 = 1미터
1,000미터 = 1킬로미터

부피를 나타낼 때,
1,000밀리리터 = 1리터
무게를 나타낼 때에는 밀리그램, 그램, 킬로그램!

미터법은 너무나 쉽고 멋들어진 것이어서 수많은 나라(그렇다고 모든 나라는 아니야)에서 사용하게 되었지.

미터법은 어떻게 만든 것일까?

지구에는 북극과 남극이 있는데, 북극과 남극을 연결하는 원을 그린 것이 자오선이야 (경선이라고도 하지). 자오선을 쉽게 말하면 지구의 둘레라고 할 수 있어.
그런데 자오선은 땅바닥에 긋지 않고, 바다에서 500킬로미터 위에 있는 하늘에 긋는단다!

이 지구의 둘레를 측정해서 4천만 분의 1로 나눈 거리가 1미터야(그만큼의 거리를 1미터로 하자고 약속했다).
그러니까 키가 1미터인 어린이 4천 만 명을 한 줄로 나란히 (구름 위에) 눕혀 놓으면 지구를 한 바퀴 감을 수 있어!

미터법으로 무게와 부피는 어떻게 정했을까?

모서리의 길이가 10분의 1미터(10센티미터)인 정육면체(상자 모양)의 물의 무게가 1킬로그램이고, 그만큼의 부피가 1리터야.(이때 물의 온도는 섭씨 4도여야 해. 온도에 따라 물의 부피와 무게가 조금씩 달라지니까. 예를 들어, 물이 얼면 부피가 눈에 띄게 커진단다.)

여긴 나하고 종이밖에 없는데?

사랑하는 아빠 보세요, 제가 또 책에 나왔어요.

쿠앙!

기다려봐, 언젠가는 딱 맞을 거야…

숫자로 놀자

"전쟁을 일으켜서 싸우지 말고, 평화롭게 스포츠 경기로 싸우자!" 하는 생각에서 1896년에 제1회 올림픽 경기대회가 열리게 되었는데, 바로 이때 달리기에서 처음으로 미터법을 사용했단다.
나중에는 달리기뿐만 아니라 모든 스포츠 종목에서 미터법을 사용했지. 이렇게 해서 온 세상의 선수들이 세운 기록을 서로 비교할 수 있게 되었어. 어느 나라에서는 100미터 달리기를 하고, 다른 나라에서는 100야드 달리기를 하면 기록을 서로 비교할 수가 없잖아.

기록을 비교할 수 있게 되자, 운동선수와 구경꾼들은 신기록에 흥미를 갖게 되었지. 그래서 0.01초만 더 빠른 세계 신기록을 세워도 큰 축하를 받게 되었어. (그만큼 인간의 능력이 커졌으니까.)

더 빨리!

달리기는 정해진 거리를 얼마나 빨리 달렸는가가 중요해. (달리기 선수들은 100미터를 10초 이내에 달린단다. 그러니까 1초에 평균 10미터 이상을 달린다는 뜻이야. 그런데 1,500미터 달리기는 3분 30초 남짓 걸리니까, 1초에 평균 7미터쯤 달리는 셈이지.)

더 멀리 더 높이!

멀리뛰기와 높이뛰기 같은 경기에서는 얼마나 멀리, 얼마나 높이 점프를 했는가가 중요해(빠르기는 중요하지 않아). 1896년의 올림픽 높이뛰기 기록은 1.81미터였는데, 1996년에는 2.39미터로 높아졌어! 멀리뛰기는 1896년에 6.35미터였는데 1988년에 8.72미터!
원반던지기는 1896년에 29.15미터였는데, 1996년에는 두 배가 넘는 69.40미터!

득점을 더 많이!

스포츠에서는 거리나 빠르기뿐만 아니라 점수도 따져. 축구, 농구, 야구, 배구처럼 여러 명이 함께 하는 경기는 득점이 중요하지. 그래서 가장 많이 득점을 한 팀이 이긴단다.

스포츠도 숫자가 중요하다

축구는 한 골을 넣으면 1점을 얻고 농구는 한 골에 보통 2점인데, 3점짜리와 1점짜리도 있어. 야구는 공격팀 선수가 1루에서 2루, 3루를 지나 홈으로 돌아오면 1점을 얻게 된단다. 축구는 한 팀이 11명, 농구는 5명, 야구는 9명. 배구는 보통 한 팀이 6명인데, 1점씩 점수를 따서 15점을 먼저 따면 이기게 되지.

럭비는 한 팀이 15명인데, 공을 들고 달리거나 발로 찬단다. 상대방 '인골'이라는 곳에 공을 찍으면 4점, 공을 차서 골대 위로 넘기면 2점이나 3점을 얻게 되는 거야. 두 사람이 공을 치고 받는 테니스는 점수가 0점에서, 15점, 30점, 40점으로 올라간단다.

다이빙, 체조, 피겨 스케이팅과 같은 종목의 스포츠는 점수를 따는 방법이 달라. 이런 스포츠는 어려운 동작이나 아름다운 동작을 선보일수록 더 높은 점수를 받게 되지.

이밖에도 수많은 스포츠 종목이 있는데, 요즘에는 바둑도 스포츠로 여기고 있어. 바둑에서는 집 수를 세서 집이 많으면 이기지. 장기에서도 차는 13점, 포는 7점, 말은 5점이라는 식으로 점수가 매겨져 있어.

숫자가 없으면 스포츠도 없어!
게임에서도 숫자가 중요해. 주사위를 사용하는 게임에서는 솜씨도 좋아야 하지만, 운도 따라야 이길 수 있단다.

배드민턴을 할까, 당구를 할까?

넘어져도 예쁘게 웃어요!

우리 팀 395점, 초청 팀 -2점

행운의 숫자

너는 어떤 숫자를 행운의 숫자라고 생각하니? 10명에게 행운의 숫자를 물어보면, 3명 이상이 7이라고 대답한단다.
3을 행운의 숫자라고 생각하는 사람도 많은데, 13은 서양에서 아주 불길한 숫자야. 예수를 배반한 유다라는 사람이 바로 13번째의 제자였기 때문이지. 그런데 예수를 믿지 않았던 터키에서도 13을 불길한 숫자라고 생각했어 정말 이상하지? 프랑스 파리에서는 13이라는 번지수를 가진 집을 찾아보기 어려워.
우리 동양에서는 특히 4를 불길한 숫자라고 생각해. 죽을 사(死)라는 한자와 소리가 같기 때문인데, 어떤 건물은 3층 바로 위가 5층이야! 4층이 없어!

아득한 옛날부터 숫자는 수량만을 나타낸 것이 아니라, 여러 가지 다른 뜻을 나타냈지. 동양철학에서는 1과 6이 물(북쪽), 2와 7이 불(남쪽), 3과 8이 나무(동쪽), 4와 9가 쇠(서쪽), 5와 10이 흙(중앙)을 뜻한다고 생각했어. 고대 그리스의 위대한 철학자인 피타고라스는 좋은 수와 나쁜 수가 따로 있다고 생각했단다. 예를 들어, 전체인 하나를 뜻하는 1은 좋은 수, 나뉨을 뜻하는 2는 나쁜 수라고 생각했어.

손 없는 날!

"손 없는 날" 이라는 말에서 "손"은 날에 따라 동서남북 어느 한 곳에서 사람을 못살게 군다는 귀신을 가리키는 말이야. 손이라는 악귀가 음력 1~2일에는 동쪽, 3~4일에는 남쪽, 5~6일에는 서쪽, 7~8일에는 북쪽에 나타난대.

9, 10, 19, 20, 29, 30일에는 하늘로 올라가기 때문에 사방 어디에도 손이 없어. 이런 걸 믿는 건 터무니없는 미신인데, 오늘날에도 손 없는 날에 이사를 가려는 사람이 아주 많아. 그래서 손 없는 날에는 이삿짐 트럭을 빌리는 값이 곱절로 비싸지.

서양의 점성술과 동양의 사주팔자(명리학)에서는 사람이 태어난 날에 따라 운명이 결정되고, 태어난 날에 따라 좋은 날과 나쁜 날이 따로 정해져 있다고 말해(이 날은 손 없는 날과 달라). 그래서 우리는 물론이고, 서양에서도 이사갈 때나 결혼을 할 때 길일(운수 좋은 날)이 언제인지를 점쟁이에게 묻는 사람이 꽤 있어.

여러분에게는 아마도 생일이 가장 운수 좋은 날일 거야. 선물을 듬뿍 받으니까? 선물을 전혀 받지 못한다 해도, 세상에 태어났다는 것만큼 운좋은 일도 없잖아!

숫자 마술을 익히자!

숫자를 이용한 마술도 있다. 다음의 숫자 마술을 친구에서 써먹어 보자.

종이에 숫자 6을 쓴다. 그것을 봉투에 넣어서 봉한 다음 친구에게 준다. 그리고 친구에게 아무 숫자나 하나를 생각하라고 한다. 그리고 이렇게 말한다. "그 숫자에 2를 곱해. 그리고 20을 더해. 이제 8을 빼. 2로 나눠. 그리고 처음 생각했던 숫자를 빼. 자, 이제 봉투를 열어봐! 답이 적혔을 테니까. 에헴!" (이 마술의 비밀을 알고 싶으면 낱말풀이를 읽어보세요.)

숫자가 없으면 날짜도 없다

숫자는 시간을 잴 때 특히 중요해. 며칠이나 지났을까? 그걸 아는 건 정말 중요한 일이야. 우리 조상들이 맨 처음 숫자를 사용한 것도 어쩌면 날을 헤아리기 위해서였는지도 몰라.

그런데 하루는 언제 시작할까? 아주 먼 옛날에는 동이 틀 때 하루가 시작된다고 생각했어. 해가 저물 때 새로운 하루가 시작된다고 생각한 원시 부족도 있었지. 2세기부터 20세기 초까지 천문학자들은 정오부터 이튿날 정오까지를 하루로 계산했어. 물론 요즘에는 자정을 기준으로 한단다.

달의 주기를 이용하기

자정에서 자정까지의 시간을 재면서 달의 변화를 지켜보면, 보름달에서 다음 보름달까지(혹은 그믐달에서 다음 그믐달까지) 항상 29.5일이 걸린다는 것을 알 수 있어. 이렇게 달이 차고 기우는 것을 달의 주기라고 해. 며칠이 지났는지, 혹은 몇 달이 지났는지를 재는 데에는 달만큼 좋은 게 없어. 이렇게 달의 주기로 날짜를 계산하는 것을 음력(혹은 태음력)이라고 하지.

태양의 주기를 이용하기

옛날에 이집트에서는 1년에 한 번씩 홍수가 나서 나일 강이 넘쳐흘렀어. 그럴 때면 동쪽 하늘 한곳에 시리우스 별자리(큰개자리)가 나타났어. 그때 태양도 일정한 자리에 나타났지. 약 6,000년 전에 이집트 사람들은 그런 사실을 알게 되었는데, 계산을 해보니 1년이 약 365일이었던 거야! 그래서 이집트에서 처음으로 양력(태양력)을 만들 수 있었어. 이집트 사람들은 1달을 30일로 해서 1년을 12달로 나누었어. 그러면 360일이 되니까, 나머지 5일은 연말에 더했지.

이집트 사람들은 또 태양과 시리우스 별자리와의 관계를 관찰해서 1년이 365.25일이라는 것까지 알아냈단다.

율리우스력

흔히 시저라고 불리는 로마의 황제 율리우스 카이사르는 이집트로 쳐들어갔다가 태양력이 있다는 걸 알게 되었어(당시 로마제국은 엉터리 달력을 쓰고 있었거든). 이렇게 기원전 45년부터 로마제국이 사용하게 된 태양력을 율리우스력이라고 해. 율리우스력은 1년을 365일로 하고, 남은 0.25일을 모아서 4년마다 한 번씩 1년을 366일로 했어. (이런 해를 윤년이라고 해) 그런데 좀더 정확히 태양의 주기를 따져보면, 1년은 약 365.2422일이야. 다시 말하면, 365일, 5시간, 48분, 46초! 이것을 1태양년이라고 한단다. 그래서 4년에 한 번씩 윤년을 두면, 약 0.0078일(11분 14초)을 더 계산한 셈이 되지. (셈을 해봐.)

우리가 사용하는 그레고리력

천 몇 백 년이 흘러서 1582년이 되자 더 계산한 날이 열흘이나 되었어. 그래서 교황 그레고리 13세는 열흘을 확 없애버렸어. 그리고 윤년을 줄여서 새롭게 그레고리력이라는 걸 만들었지. 그레고리력은 4년에 한 번씩 윤년을 두지만, 100으로 나누어 떨어지는 해는 윤년으로 하지 않아. 하지만 400으로 나누어 떨어지는 해는 윤년으로 했고 4,000으로 나누어 떨어지는 해는 윤년으로 하지 않았어. 이렇게 만든 태양력은 1년이 평균 365.2425일이야. 율리우스력은 128년에 하루가 많아졌지만, 그레고리력은 무려 2만 년에 고작 하루가 많아질 만큼 정확해.

오늘날에는 거의 모든 나라에서 그레고리력을 사용하지. 인도에서는 1957년부터, 중국에서는 1912년부터, 우리 나라에서는 1896년부터, 일본에서는 1873년부터 그레고리력을 사용했어. 그렇지만 우리 나라나 중국 등에서는 명절을 여전히 음력으로 쇤단다.

낱말풀이

결승문자

잉카 남아메리카의 잉카제국 사람들은 '결승문자'를 사용한 것으로 유명하다. 결승(結繩)이란 가죽끈이나 새끼줄 따위에 매듭을 지어 놓은 것이다. 묶을 결(結) 새끼줄 승(繩). 줄을 묶어놓은 모양이나 간격, 매듭의 수를 글자처럼 사용한 것이 결승문자이다. 빛깔로 내용을 구분했는데, 예를 들어 빨강은 군대, 노랑은 황금, 흰색은 곡식을 나타냈다. 이것은 주로 숫자를 나타내는 데 쓰였는데, 흰 매듭은 평화를, 빨간 매듭은 전쟁을 나타내는 식으로 간단한 문자 구실을 하기도 했다.

기원전과 서기 기원(紀元)

역사에서 햇수를 세는 기준이 되는 해를 뜻하거나, 나라를 세운 첫 해를 뜻하는 말이다. 기원전을 정확히 말하면 '서력 기원전'인데, 서력(西曆)은 서양 역사. 서양 역사는 예수의 탄생을 기준으로 한다. 예수가 탄생한 해를 0년으로 하고, 그 이전이 서력 기원전이고, 그 이후가 서기이다. 서기는 서양의 기원, 곧 서양 역사를 세는 기준 연도를 뜻한다. 그럼 우리 나라만의 역사를 세준 기준 연도는 뭘까? 우리 신화에 따르면, 우리 나라를 맨 처음 세운 사람은 단군이다. 그래서 우리 역사의 기준이 되는 것을 단군 기원(단기)이라고 한다. 2,000년은 단기 4,333년. 서기에 2,333년을 더하면 된다. 서기 2,003년은 단기 4,336년. 우리 나라가 시작된 지는 약 반 만 년(5,000년)이나 되었다.

로카비바가 (Lokavibhaga)

옛 인도의 이 책은 수를 가리키는 여러 말과 영에 대한 얘기가 나오는 가장 오래된 책이다. 이 책은 아마도 훨씬 더 옛날에 쓴 책을 번역했거나 베낀 책인 것 같다. 그렇다면 인도에서는 이 책 이전에도 영에 대한 생각이 널리 퍼져 있었다는 뜻이 된다.

마법의 숫자 만들기 책에 나오는 방법

이를 수식으로 나타내면 다음과 같다(친구가 생각한 숫자는 알 수 없으니까 x라고 하자). $(x \times 2 + 20 - 8) \div 2 - x$. x에 2를 곱했다가 나중에 2로 나누면 곱하나 마나. 그래서 x가 그대로 남아 있는데, 거기에 x를 빼면 영(0)이 된다. 앞의 수식은 이렇게 바꿔 쓸 수 있다. $(x \times 2) \div 2 - x + (20-8) \div 2$. $(x \times 2) \div 2$는 x이고 여기서 x를 빼면 0. 남는 것은 $(20-8) \div 2$. 답은 6. 이런 식으로 새로운 문제를 만들어 보자. "아무 숫자나 숫자 하나를 생각해봐. 그 숫자에 3을 곱해. 그리고 20을 더해. 이제 5를 빼. 3으로 나눠. 그리고 처음 생각했던 숫자를 빼…. 답이 나왔어? 자, 봉투를 열어봐." 답은 얼마일까? $(x \times 3 + 20 - 5) \div 3 - x = 5$. 친구가 무슨 숫자를 생각했든 $(20-5) \div 3$만 남고, 그 답은 5. 원리만 알면 얼마든지 복잡하게 문제를 바꿀 수 있다.

브라마굽타

6세기의 인도 수학자였던 이 사람은 오늘날 우리가 사용하는 숫자와 자릿값 체계를 사용했다. 그리고 오늘날 어린이가 배우는 것과 똑같은 셈법에 대한 책을 썼다. 그의 책은 아라비아에 전해져서 수학이 더욱 발달하게 되었다.

사과는 모두 몇 개?

198개이다. 땅바닥에 사과가 낱개로 8개 있다. 파이가 7개니까 사과로는 70개. 펠리컨이 입에 문 바구니에 10개, 닭이 요리 중인 사과가 10개, 모두 합하면 98개. 그리고 펭권의 뱃속에 100개.

선사시대

선사(先史)는 앞설 선(先), 역사 사(史). 역사보다 앞선 시대를 뜻하는 선사시대는, 역사를 문자로 기록하기 이전의 시대를 일컫는 말이다. 역사를 언제부터 기록하기 시작했는지는 지역에 따라 달라서, 선사시대는 보통 원시시대라는 뜻으로 사용된다.

아라비아의 수학자들

7세기부터 15세기까지 약 800년 동안은 무슬림(이슬람교도)의 과학과 예술이 꽃을 피운 시기였다. 그들의 성경인 코란을 읽고 영감을 받은 아라비아 학자들은 인류가 얻은 모든 지식을 기록했고, 지식을 더욱 발전시켰다. 그들은 도서관과 연구소를 세워서, 시리아와 페르시아, 중국, 고대 그리스, 인도의 책을 번역했다.
그들 가운데 가장 유명한 수학자가 바로 알쿠와리즈미이다. 바그다드에 있는 지혜의 집이라는 곳에서 그는 인도의 학자들이 바그다드로 가져온 책들을 연구했고, 자신의 책을 썼다.

인도의 수학자들

240년부터 535년까지 굽타 왕조가 갠지스 강 주변을 다스릴 때, 수학 등 온갖 학문이 크게 발달했다. 바로 이때에 인도의 옛 언어인 산스크리트어가 발달했고, 중요한 많은 책이 씌어졌다. 그 책에 의하면, 인도 학자들에게 수가 얼마나 중요했는지를 알 수 있다. 그들은 커다란 수를 나타내는 방법을 찾아냈고, 오늘날까지 우리가 사용하는 수 체계를 발달시켰다.

진법 진(進)

진법 진(進)은 나아간다, 올린다 등의 뜻이다. 진언(進言)은 말씀을 올린다는 뜻이고, 진상(進上)은 윗사람에게 올린다(바친다)는 뜻이다. 그래서 진법(進法)은 올릴 진(進) 방법 법(法). 수를 올리는 방법이 진법이다. 10진법은 10을 한 묶음으로 해서 9보다 1이 많으면 수를 한 자리 올려서 10이 된다. 2진법은? 1보다 1이 많으면 수를 한 자리 올린다. 2진법에서 1에 1을 더하면 10. 또 1을 더하면 11, 또 1을 더하면 100, 10진법의 1부터 10까지를 2진법으로 나타내면 다음과 같다(괄호 속은 10진법의 수). 1(1), 10(2), 11(3), 100(4), 101(5), 110(6), 111(7), 1000(8), 1001(9), 1010(10). 5진법으로 1부터 10까지를 나타내면, 1, 2, 3, 4, 10, 11, 12, 13, 14, 20. 3진법으로는 1, 2, 10, 11, 12, 20, 21, 22, 100, 101이다.

피사의 레오나르도

흔히 피보나치라고 부르는 이탈리아의 이 수학자는 북아프리카와 중동 지역을 여행하며 위대한 아라비아 수학자들을 많이 만났다. 아라비아에서는 인도의 산스크리트어로 영을 뜻하는 '수냐(shunya)'라는 말을 '시프르(sifr)'라고 번역했는데, 피보나치는 이 시프르를 라틴어로 제피룸(zefirum)이라고 번역했다. 그래서 유럽에도 영이라는 말을 갖게 되었다. 제피룸은 이탈리아어로 제피로가 되었고, 이 말이 짧아져서 영어의 제로(zero)가 되었다.

역사탐정 시리즈

'역사탐정 시리즈'는 탐정물이라는 흥미로운 서술 방식을 통해 역사적 지식에 대한 이해를 시도한다. -조선일보

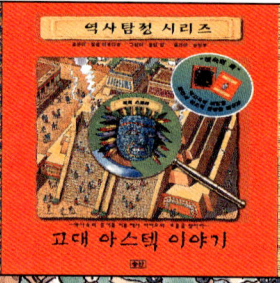

추리소설 재밌지 않니?

역사탐정 시리즈는 다른 책들과는 달라. 우선 고대 문명에 대한 이야기를 읽으면서 몸 풀기를 한 후, 신나게 고대 그리스, 로마, 이집트, 아스텍에서 일어난 사건 현장으로 달려가는 거야.
넌 탐정이지. 머리카락 한 올도 놓치지 않는 탐정!
결국 너는 범인을 쫓으면서 고대 문명들을 훤히 꿰뚫게 될 거야.

생명의 우주탐험 시리즈 (전4권)

패트릭 뷰얼 지음 / 노버트 랜더 그림 / 승영조 옮김

8세의 어린이부터 성인까지 읽을 수 있는 이 책은 세포와 그 너머의 보이지 않는 세계를 찾아 떠나는 흥미진진하고 교육적인 탐험기이다.

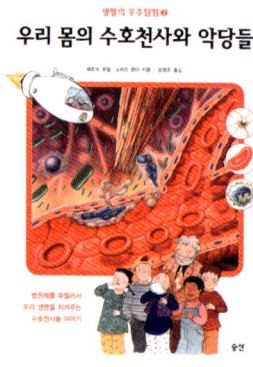
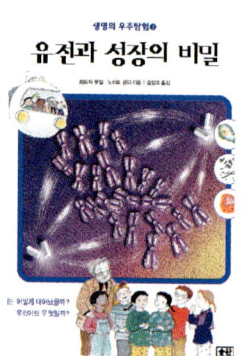